LEOPOLDO ABADÍA

TODO LO QUE TE HACE FELIZ

ESPASA

Espasa, en su deseo de mejorar sus publicaciones, agradecerá cualquier sugerencia que los lectores hagan al departamento editorial por correo electrónico: sugerencias@espasa.es

Espasa, sello editorial de Editorial Planeta, S. A.
Avda. Diagonal, 662-664, 08034 Barcelona (España)
www.planetadelibros.com
www.espasa.com

Diseño de la cubierta: Planeta Arte & Diseño
Recursos del interior: © Shutterstock
Coordinación de textos: Gonzalo Abadía

Primera edición: abril de 2025

ISBN: 978-84-670-7668-4
Depósito Legal: B. 4.886-2025
Preimpresión: Safekat, S. L.
Impresión: Huertas, S. A.
Printed in Spain - Impreso en España

Como siempre, a mi mujer, con la que llevo sesenta y siete
años felizmente —muy felizmente— casado.
A mis hijos, nuestra mejor inversión.
A mis yernos y nueras. ¡Acertamos!
A mis nietos.
A los cónyuges de los nietos. ¡Acertamos!
A los biznietos.
O sea, a los ochenta y nueve que, sumados a mí,
hacen una familia de noventa
—más unos cuantos en camino—.

A mis editores.
Nos conocimos en 2008. ¡Otro acierto!

A mis amigos.
¡Sigo acertando!

Cuando uno acierta en lo fundamental,
la felicidad es LA consecuencia «obligada».

Índice

1. 30 ideas para vivir la vida con optimismo 11
2. Vivir es lo más interesante que nos va a pasar 43
3. La familia es lo único valioso que vas a tener 147
4. Los amigos son estupendos 187
5. Formarse sin parar para descubrir cómo ser feliz 199
6. Trabajo, liderazgo y otras ideas para vivir plenamente 219
7. Vejez para recordar que no siempre fuimos mayores 267

Con frecuencia me encuentro con personas a las que no conozco que me felicitan por lo bien que estoy, como si eso fuese mérito mío... y como si fuera verdad.

Porque a los noventa y un años y medio uno no se puede extrañar de que los dolores de hoy sean distintos de los de mañana, de que se le olviden más cosas que ayer o de estar muy contento porque ha aparecido en casa el bastón que había perdido. Bastón que ha vuelto a desaparecer, sabiendo que lo volverá a encontrar.

En este contexto tengo que confesar que llevo noventa y un años y medio luchando para ser feliz, sabiendo —descubriendo— que a lo largo de la vida hay muchos contextos a los que hay que adaptarse.

Hay que adaptarse manteniendo unas ideas fundamentales. La veleta cambia según la dirección del viento, pero está sujeta por un eje que, además, si está engrasado, facilita a la veleta su adaptación.

De adaptaciones y ejes va este libro. Sobre todo de ejes. De lo que yo pienso que, quizá de un modo inconsciente, me ha servido para conseguir ver lo bueno en todo lo que me rodea.

No es un libro de recetas. La única receta es esa: luchar. Lo otro son cosas que a mí me han hecho feliz.

Me alegraré mucho de que esta lista te sirva. Pero no olvides que la felicidad se fabrica día a día, minuto a minuto, segundo a segundo.

Y eso cansa.

Los demás no se enteran porque tú ya tienes la contestación preparada para cuando te pregunten qué tal van las cosas. Sonriente, hay que contestar:

—Preocupantemente bien.

Aunque hoy te duelan las articulaciones más que ayer.

Y menos que mañana.

San Quirico, 28 de febrero de 2025

1
30 ideas para vivir la vida con optimismo

No te preguntes qué mundo vas a dejar a tus hijos, sino qué hijos vas a dejar al mundo.

Lo anormal repetido muchas veces no se convierte en normal, se convierte en anormal frecuente.

El optimismo es luchar con uñas y dientes ante una situación concreta.

Cuando el viento arrecia, unos se esconden, otros fabrican molinos de viento.

Lo normal es extraordinario. La normalidad, la de siempre, va envuelta en humildad, naturalidad, sentido común, y no en postureos ni sofisticaciones.

Los talentos no tienen nada que ver con los millones.

A veces los millones molestan para desarrollar los talentos.

Lee para tener criterio y no dejar que los cantamañanas te suelten una cantamañanada.

En este mundo sobran charlatanes y faltan escuchatanes.

Uno tiene que ir de casa a los amigos, de los amigos al trabajo, del trabajo a los amigos y de los amigos a casa.

**Un líder es,
sobre todo,
un fabricante
de líderes.**

Si tú y yo decidimos ser buena gente,
habrá un par de sinvergüenzas menos.
Si tú y yo esperamos a que los demás
empiecen, puede que no empiece nadie.
No sería la primera vez.

Una casa debe estar lo suficientemente limpia como para que sea higiénica y lo suficientemente sucia como para que sea confortable.

No se trata de trabajar más. Se trata de trabajar mejor.

Decía Desmond Tutu que el ayer es historia, el mañana es un misterio y el hoy es un regalo, por eso se llama presente. ¿Y a quién no le gustan los regalos?

Hay que huir del pesimista como de la peste.

La decencia se vive en casa y luego se lleva,
se exporta y se contagia.

Tenemos que formar hijos recios. No se puede hacer palanca con un churro.

En el todo está todo.

Vivir el hoy pensando en el ayer es, como diría Mafalda, mirar al futuro con el cogote. No sirve de nada.

Responsabilicémonos de todo lo que hagamos en vez de echar la culpa al prójimo, sea el prójimo de este siglo, del pasado o de cuaquier otro.

La familia debe ser una fábrica de criterio.

Prohibido reblar, prohibido quejarse, prohibido achantarse.

Los complejos solo los tienen los simplejos.

Hay dos tipos de personas: los facultativos, los que deciden hacer la vida agradable a los demás, y los dificultativos, los que la hacen inaguantable.

El mañana es el plan a largo plazo más fácil de llevar a cabo.

Celebra todo, siempre.

Cuando alguien te diga
«yo no soy pesimista; soy realista»,
¡escapa, huye!, ese tío es peligrosísimo.

Para mentir hace falta tener muy buena memoria.

El mayor peligro para la mayoría de nosotros no radica en establecer unos objetivos demasiado altos y fracasar pronto, sino en establecer unos objetivos demasiado bajos y lograrlos.

Saca brillo a tu manual de instrucciones interior, el que te convierte en persona digna, leal, que mira a los ojos.

2
Vivir es lo más interesante que nos va a pasar

La gente buena hará un mundo bueno.

No es verdad que todo vale. Hay cosas que nunca valen y otras que siempre valen.

Hace falta una cruzada de decencia.

Es importante tener *hobbies*: la vida es muy larga y, en algún momento, en un futuro muy cercano, te verás en casa sin mucho que hacer.

El pesimista es un esterilizador de ilusiones.

En lo de querer, ayudar, escuchar y aconsejar, hay muy poco que inventar.

Lo normal es que uno sea leal a sus principios, seguir las reglas del juego y no hacer trampas.

Blíndate contra la saturación: que se te encoja el corazón al ver a la gente que sale huyendo por la guerra o el hambre es la mejor forma de saber que tienes que actuar.

El negacionismo no sirve para nada.

Todos los seres humanos llevamos un caudillo totalitario en nuestro interior.

El código ético le trae sin cuidado al sinvergüenza.

La decencia no es discutible, defiéndela siempre.

Enamórate de la libertad y de la responsabilidad.

Libertad + formación + responsabilidad = a persona de la que te puedes fiar y que contribuye a que su pueblo y su comunidad autónoma y su patria tiren para adelante.

Si el ignorante es humilde, el asunto se puede arreglar, pero si el ignorante es soberbio —a veces estos ignorantes no pasan de ser unos vanidosetes—, el desastre es total.

El bien y el mal, lo bueno y lo malo,
de forma objetiva y natural,
lo ha sido siempre y seguirá siéndolo.

Cuando algo te toca el bolsillo, se terminan las dudas inmediatamente.

Busca el bien común y afróntalo con sentido común.

Que Dios nos libre de los conservadores que se dicen conservadores y de los progresistas que se dicen progresistas, porque a mí unos y otros me parecen unos cantamañanas.

Hay que estar seguro de las cosas hasta el mayor extremo.

Dios existe o no existe. Y si por si acaso existe, recomiendo ser buena persona y portarse bien. Y si no existe, también.

Para discurrir bien y con sentido común no hace falta haber pasado por Harvard.

La vida es la suma de pequeños detalles.

Colón descubrió América una sola vez. Pero fue la suma de cosas pequeñas lo que dio lugar a que hiciera algo más grande. Aprecia el valor de las cosas pequeñas.

No te creas a los *winners*: todo triunfo viene precedido de cientos de fracasos porque nadie triunfa a la primera.

Tenemos que luchar para convertir la prosa de cada día en versos heroicos, porque la prosa de cada día, con frecuencia, con mucha frecuencia, es un auténtico rollo.

Una vida llena de ilusiones hace feliz
a uno mismo y a los demás.

Un país con cuarenta y ocho millones
de personas buscando la poeticidad de lo
cotidiano es mucho más joven y rico.

Europa no se fatiga y el mundo no se cansa. Nos fatigamos cada uno de los europeos y cada uno de los que vivimos en este mundo.

Nos fatigamos de vicio porque antes
nos hemos quejado de vicio, o sea,
con poco motivo.

Ayudar a los demás es la mejor forma de sentirse persona plena.

Hace falta mucha gente que enjugue muchas lágrimas, que dé mucha cultura, que dé mucha paz.

Hay ricos impresentables
y pobres dignísimos. Y al revés.
Hay *beautiful people*
—gente guapa, de esa que sale
en las revistas de papel cuché—
dignísima y otra impresentable.

No es prudente ir de estupendo por la vida. Así que seamos conscientes de que, ante los ocho mil millones de habitantes del planeta, lo que digamos cuarenta y ocho millones no pesa nada.

Necesitamos un país en el que las personas no se insulten, se escuchen y dejen que el otro acabe de hablar para intervenir.

Pregúntate por qué gritas cuando discutes. ¿No será que no tienes argumentos para rebatir lo que te dicen?

Cuando las cosas van mal, hay que ser austeros.

Por la avaricia de unos pocos tenemos que ser austeros unos muchos.

Hay que gastar con la cabeza.

Es fácil echar la culpa al otro y poner cara de haber roto un plato en la vida.

Hay dos clases de ricos: el rico rico, que cuando mete la mano en el bolsillo saca varios billetes de quinientos euros suyos suyos; y el rico no rico, que cuando mete la mano en el bolsillo saca varios billetes de quinientos euros que le ha prestado la caja de ahorros de San Quirico.

Cuando uno busca la verdad, y cuando la encuentra, es lógico que haga tres cosas: profundizar para empaparse cada día más de esa verdad, intentar adecuar la vida a esa verdad y después, o a la vez, contársela a los demás.

La verdad no siempre es cómoda y cuesta votos.

Se vote lo que se vote, no creo que se esté votando por un acercamiento a la verdad.

Había una época en la que el mentiroso miraba al suelo cuando mentía. Hoy hay personas que mienten mirando a los ojos o fijamente a una cámara de televisión.

Apuesta por la elegancia. Por dentro y por fuera.

Lucha contra el egoísmo.
Porque al egoísta no le gusta quedar mal.

La verdad es verdad,
aunque nadie se la crea.
La mentira es mentira,
aunque les guste a todos.

Hay que poner paz dentro de nosotros
para distinguir la verdad del egoísmo,
o sea, de la mentira.

Las virtudes humanas son permanentes, aunque haya quien diga que unas se ponen de moda durante una temporada y luego ya no se llevan.

Hay que dejar que el corazón se esponje.

Cualquier momento es bueno
para ablandarse con motivo o sin motivo,
con cualquier persona. Sea quien sea,
haga lo que haga. Aunque de vez en
cuando dé malos consejos.

No te olvides de la humildad.

Una retirada a tiempo es siempre una victoria.

Hay que tener muy claro que es mejor estar que no estar.

Hay que cuidarse, aunque te dé pereza.

Ponte metas y ten sueños.

Echa sal a la vida.
Cuando no haya una fiesta,
invéntala.

Hay una serie de cosas que todos consideramos buenas y otra serie de cosas que todos consideramos malas. Seguramente, porque unas y otras lo son.

Hay que separar la ética del comportamiento ético.

Me gustaría que la lealtad se volviese a poner de moda; que la fidelidad —a tu marido/mujer/empresa/familia/amigos— estuviera bien considerada y que la política fuera un trabajo muy digno para que los mejores se dedicasen a ella.

El optimista no es un tontín que va por la vida sonriendo sin enterarse de nada.

Cuida de tus conversaciones para que no se deslicen hacia el pesimismo.

Basta ya de presentar cosas anormales como si fueran normales. No lo son. Por mucho que pensemos que esto es ser moderno.

Reconoce tus limitaciones.

Ten presente que los políticos son nuestros empleados.

Sé responsable siempre de tus actos y de sus consecuencias. Porque, aunque no lo creas, todo lo que haces en esta vida le afectará de un modo u otro a alguien.

Asume los errores propios y pide perdón.

Perdonar incluye, obligatoriamente, olvidar.

Las creencias de la gente de nuestra sociedad son totalmente intocables —su fe, su religión, etc.— porque forman parte de su intimidad más profunda.

Respetar a quien piensa diferente te da mucha ventaja para ser feliz.

Hay que ignorar a los caraduras hasta que se aburran y entiendan que eso que hacen no es normal.

No hace falta ganar siempre en las discusiones.

Pueden ocurrir dos cosas: que Dios exista o que no exista. Y ya puedo pensar lo que quiera, que la existencia o no de Dios no depende de mi opinión.

La ética y la moral
—a las que yo llamo decencia—
son dos elementos que hay que saber
definir de carrerilla.

Cuando se roba, para que te lo perdonen, hay que restituir.

Si hemos globalizado la falta de ética y nos hemos dado cuenta de que eso nos ha llevado a la situación actual, hará falta globalizar la ética.

Es más cómodo ir cuesta abajo que cuesta arriba. Y hemos ido cuesta abajo a una velocidad tan grande que para frenar, dar marcha atrás y subir lo que hemos bajado, hace falta mucho esfuerzo.
Y muchas ganas.

La globalización es el resultado de muchas acciones individuales.

Las soluciones llevadas a cabo por
sinvergüenzas resultan sinvergonzadas.
Muy llamativas y glamorosas,
pero sinvergonzadas.

Siempre hay que fijarse cómo andamos de decencia en cualquier lugar, situación, momento y ocasión.

En la vida hay que conformarse con lo que uno puede conseguir y no pensar en la Champions League cuando lo que sabe —y puede— hacer es jugar al fútbol con una pelota de trapo.

Hay que leer, y cuantas más cosas de fuentes fiables, mejor.

La libertad tiene que ir impregnada
—no solo «acompañada»—
de responsabilidad.

Tu voto vale tanto como el del señor más importante y más listo y mejor preparado de España.

La ignorancia es lo peor que existe. Y junto a ella, la mediocridad. Porque ambas cosas son, sobre todo, una forma de decirle al mundo que has decidido no estar a la altura de lo que te ofrece la vida.

La maravilla de internet tiene, entre las miles de ventajas, un peligro muy grave: que el ignorante se atiborre de información, que no la digiera y la suelte cuando toque y cuando no toque, poniendo cara de señor sabio y aceptando que le llamen profesor mientras él llama doctor al otro ignorante, que, repleto de internet, le ha soltado el piropo.

Lo ideal es tener las ideas tan claras que puedas decir sí a lo bueno y no a lo malo sin tener que pararte a pensar.

Evitemos que cualquier dictadorcete democrático —que son los peores— nos vaya poniendo trabas en la vida bajo el pretexto de que así nos protege.

Todos tenemos historias que contar. Historias gordas, pocas. Historietillas, bastantes. Esa es nuestra vida y es lo que contamos cuando llegamos a casa.

A uno le apetece que le escuchen cuando tiene algo que contar.

Una cosa es aceptar nuestras limitaciones y otra presumir de ellas.

Vivimos en un ambiente de desobediencia.
Todo lo que suene a autoridad nos repele.

Para volar como gallinas, de salto en salto,
no merece la pena tener alas.

No luzcamos nuestros defectos,
a veces vergonzosos, presumiendo de ellos
y despreciando al que no los tiene,
llamándole retrógrado y
hombre de Neandertal.

Es curioso cómo alguien, en una temporada corta, puede cambiar tanto de opinión. Al final nadie le reconoce cuando le ve por la calle porque la cara, antes de carne, ahora es de hormigón armado. Y aun así, sabiendo que miente, mucha gente piensa que es bueno seguirle.

La mentira es un instrumento al servicio de la codicia.

Para servir, servir... y dejarse servir.

Abrir los ojos por la mañana y levantarse, aunque cueste, es siempre una bendición.

Sé prudente...
... con moderación.
No te quedes corto
por cobardica ni
te pases de largo
por osado.

No te pares nunca.

Haz el bien: convierte tu vida
en una sucesión de actos buenos.

3
La familia es lo único valioso que vas a tener

La familia es tu mejor tesoro, lo más valioso que tienes.

La mujer y el marido deben hacer el amor cada día, cada hora, cada minuto y cada segundo, porque el amor se fabrica.

Se es buena persona cuando tus padres te lo han inculcado desde pequeño con su empeño, su ejemplo y su dedicación.

Los hijos aprenden más del ejemplo que de las palabras.

En casa debes estar con la ventanilla constantemente abierta, sabiendo que los ritmos de los demás no son los tuyos.

Si te has comprometido a ser fiel a tu mujer/
marido es porque quieres, no como quieres;
es decir, hoy sí y mañana ya veremos.

Los valores que se enseñan en la familia
quedan para siempre.

Hay que confiar en los hijos siempre.
Siempre quiere decir que, en caso de duda,
lo que dicen tus hijos va a misa.

La educación de los hijos es responsabilidad prioritaria de los padres.

Los padres tienen que mirarse
al espejo, individualmente primero,
y los dos juntos después, y preguntarse:
¿soy/somos un/os ser/es educado/s?

Los padres nos tenemos que educar
o reeducar porque si no,
nos saldrán unos mozos que,
excepto relinchar, harán de todo.

Un país puede salir adelante sin escuelas y, por supuesto, sin ministro de Educación, pero no sin que los padres actúen como lo que son, o sea: padres.

La familia austera se lo pasa bien si son austeros con gracia. Si son austeros sin gracia, eso no será una familia, será un velatorio.

Con frecuencia los padres
compran a los hijos el regalo que a ellos
—los padres— les hace ilusión.

Un hijo no es una inversión.
Es un gasto que no se amortiza nunca.
Pero, no sabes cómo, te colma de felicidad.

Si tus hijos te necesitan, ayúdales, pero enséñales también.

Menos preocuparse por los hijos y más darles una buena formación: que sepan distinguir el bien del mal, que no digan que todo vale, que piensen en los demás.

Los padres tienen que saber que
si sus hijos salen bien educados,
el 97 % de la responsabilidad es suya.
Y si salen mal también.

Los padres de familia son los responsables de sus hijos.

Si los padres no nos fiamos de los hijos, crearemos un ambiente familiar en casa inaguantable.

Los padres debemos llegar a casa sonriendo, porque los demás miembros de la familia también tienen derecho a que les ayudemos a ser felices.

Los colegios tienen que complementar la formación que los chicos reciben en casa.

Es bueno hablar de la austeridad en la familia. Como una capacidad positiva, nunca como algo negativo.

En la familia es importante disfrutar de cada detalle para ser feliz.

Debemos ser optimistas y celebrar cada pequeño acontecimiento. Ya verás como eso te acaba ayudando en el día a día.

La familia es nuestro primer negocio.

La educación de los hijos, la gestión de la economía doméstica, las relaciones familiares... son algunos de los temas que hemos de abordar con sensatez y sentido del humor.

Debemos querer a nuestros hijos como son,
no como nos gustaría que fueran.

Hay que querer a la gente de tu casa tal como es. Amarla con sus problemas, con su ingenio, con sus ambiciones.

La creatividad es fundamental para mantener a una familia unida.

Cuando los hijos quieren ser personas de bien, los padres lo notan.

Yo era hijo único y ahora somos noventa en mi núcleo familiar. Cuando pienso aquello de que tenemos que dar siempre algo más de lo que nos dieron nuestros padres, se me escapa la risa.

El único éxito que conseguirás en la familia
será fruto de la cantidad de amor que
siembres en ella.

Las relaciones familiares deben basarse en el respeto, la comprensión y el amor mutuo.

El camino más corto para que haya paz en la familia es la comunicación abierta y sincera.

El que no es fiel a su mujer,
¿cómo va a serlo a su empresa?

Puede que uno piense que se ha casado con Rita Hayworth o que ella piense que se ha casado con Brad Pitt. Eso es bonito al principio. Pero luego resulta que Rita ronca por las noches y Brad no recoge la mesa. Y es precisamente en la imperfección donde está el verdadero amor.

La familia debe adaptarse a los cambios y desafíos de la vida moderna sin perder sus valores fundamentales.

4
Los amigos son estupendos

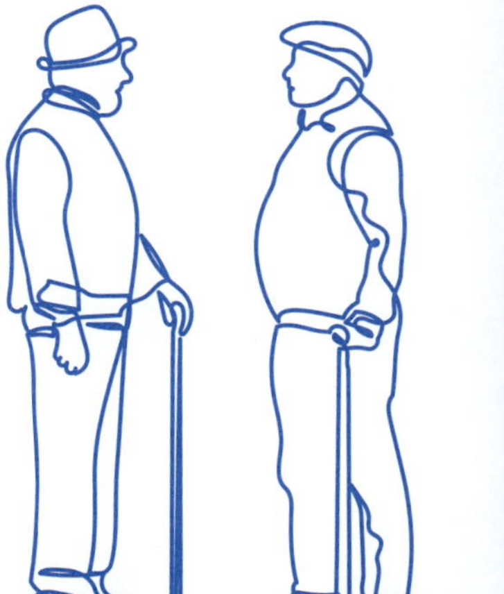

Tener amigos es una bendición del cielo. Como todo, hay que cuidarlos, porque ser amigo es un grado.

Ver a los amigos te hace darte cuenta de que, en general, de vez en cuando uno se encuentra con gente que quiere hacer cosas buenas.

Aprovecha los amigos que tienes, escúchalos, porque están ansiosos por hablar.

Arregla los problemas con aquellos amigos
con los que estás enemistado.
Es así de simple.

Estate dispuesto a dar oportunidades: nunca sabes de dónde puede surgir un amigo nuevo.

Júntate con amigos cómodos, o sea, de esos con los que puedes salir tranquilamente, decir las tonterías que quieras, beber un trago de más y volver a casa prácticamente recuperado de la semana.

Los amigos son fundamentales en una familia.

Un amigo fiel es un refugio seguro.

Tener muchos amigos nos arropa.
Aunque no los veamos en mucho tiempo
siempre los tenemos ahí.

Algunos amigos se parecen al Guadiana. De repente se sumergen y prácticamente desaparecen. Y sin saber por qué un día vuelven a aparecer.

¿Por qué yo, gracias a Dios, tengo muchos amigos? Es que me lo paso muy bien con ellos. Me gusta ayudarles, pero es que ellos también me ayudan mucho, con su compañía y su conversación.

5
Formarse sin parar para descubrir cómo ser feliz

Teoría de las tres columnas: en una columna anota aquello que sabes que está mal; en otra, aquello que sabes seguro que está bien; y en la del medio, aquello que dudas, no sabes si está bien o mal.
La formación debe estar dirigida a esa columna central para ayudarte a poner en una columna u otra todas tus dudas.

Estudiar fuera de casa te ayuda a quitarte la boina y a descubrir que hay otros mundos fuera de tu pueblo, de tu calle y de tu piso.

En el colegio no se arregla nada
si los padres lo estropeamos en casa.

Ser moderno no implica no necesitar la formación para saber lo que está bien o lo que está mal. Precisamente si eres joven necesitas más formación.

No nos engañemos: las cosas que se enseñan en la escuela dependen del ministro de turno y de la reforma que haya hecho. Por eso es tan importante formarse para que, cuando algo te chirríe, sepas detectarlo.

Los profesores deben colaborar
con los padres en la educación.
Y no al revés.

Como las cosas están cada día más complicadas y aparecen situaciones nuevas, hay que seguir estudiando con paz y tranquilidad, sin pretender ser un especialista en nada en cuatro días.

Los padres no pueden predecir ni controlar el futuro, pero sí dar una buena formación a sus hijos, enfocándose en hacerlos personas de bien.

La educación es un arma poderosa para la transformación social y la lucha contra las desigualdades.

Lo más importante es enseñar valores como la honestidad, la generosidad y la capacidad para distinguir el bien del mal.

Es en los momentos de crisis
cuando muchos empresarios
descubren que la formación es
la tabla de salvación que necesitan.

Unos padres maduros deben saber por qué eligen el colegio que eligen para sus hijos. ¿El colegio está en completa sintonía con su forma de pensar? Ese es el gran criterio para elegir una escuela.

La educación en valores es la base para formar personas íntegras y responsables.

La libertad de expresión no tiene nada que ver con la mala educación. Ser libre para decir lo que quieras no te da licencia para insultar o herir a nadie.

Querer discurrir es, básicamente, querer
seguir buscando respuestas de forma
autodidacta sin que nadie te las dé.
Pero buscar —ahora y siempre—
exige tener ideas claras.

Intenta no querer saber de todo: si de algo no sabes, di simplemente «no sé» y verás con estupor el efecto que causa la sinceridad.

Para decir muchas cosas, hay que estudiar, porque el riesgo de que digas barbaridades es muy alto.

Siempre seguiré adelante con aquello de enseñar al que no sabe. Porque sé que ese es un bien para las personas.

6
Trabajo, liderazgo y otras ideas para vivir plenamente

El trabajo no es un castigo. El castigo a Adán fue «el sudor de tu frente», o sea, que el cansancio es el castigo.

No enamorarse del producto es saber seguir, hacerse más fuerte y tener la humildad de reconocer que, a veces, las cosas no son como a uno le gustarían.

Hay gente preparada y hay gente parada. Y luego están los pre-parados: gente que antes de empezar a trabajar, ya están mentalmente en el paro.

Apuesta por el trabajo bien hecho.

El líder debe saber escuchar para conseguir que todos puedan expresarse con libertad.

No debe confundirse el liderazgo con el autoritarismo ni el populismo ni el sentirse llamado —no se sabe por quién— a una misión superior.

Del cansancio al agotamiento hay un trecho muy largo.

Ser líder de un equipo no se trata de explotar a nadie. Se trata de sacar el mayor partido posible a la capacidad de trabajo de una persona con responsabilidades de dirección.

Aprende a discurrir. Es la forma más extraordinaria de trabajar bien.

No hay nada bueno que puedas copiar ni vicios adquiridos con el tiempo.

No tomes una decisión solo en función de la eficacia, porque hay algo más. Y si no hay una voz interior que te lo dice, o te lo dice y no lo oyes, es que eres muy bruto.

Hay quien solo se fija en el sudor y no se fija en lo bien que se pasa cuando uno trabaja y le salen las cosas bien.

Si tu única ilusión es conseguir
no dar ni golpe, te auguro
un futuro oscuro como el betún.

El trabajo no solo sirve para ganar dinero y poder alimentar a tu gente, sino para que tú seas más persona.

Lo que hay que hacer ahora y siempre es trabajar mejor. La era de la chapucilla se acabó, si es que alguna vez existió.

Enfrentarse a una hoja de papel o a una servilleta en blanco es una de las experiencias más enriquecedoras. Discurres a base de esfuerzo, de no mirar el móvil y de trabajar horas completas.

El corto y el medio plazo son fundamentales para conseguir el largo, porque el corto y el medio plazo constituyen lo que llamamos LA VIDA.

Enfoca el día a día como un trabajo apasionante.

Hay que intentar hacer las cosas bien y guardar las ambiciones para uno mismo para que nadie diga antes de tiempo que estamos como auténticos cencerros.

Las empresas están formadas por personas que deben comprometerse a aportar su granito de arena para sacar sus proyectos adelante.

Ser empresario es algo complejo. Para serlo hay que trabajar más que nadie, aprender más que nadie y escuchar más que nadie.

Trabaja mucho, trabaja bien,
da muchas vueltas a la cabeza,
y no te enamores del producto.

Revisa lo que vendes, no vaya a ser que estés vendiendo diligencias del salvaje Oeste y que no te hayas dado cuenta de que, por mucho que las hayas modernizado y les hayas puesto un mando electrónico, ya nadie las compra.

No te fíes de quien triunfa sin dar un palo al agua.

Para que el trabajo esté bien hecho, hace falta que la gente trabaje. Y hay que tener en cuenta que a bastantes no les apetece trabajar.

Devolvamos al trabajo el prestigio que nunca debió perder.

Un buen líder debe tener una vida ejemplar, debe ser un modelo de honradez, de limpieza de vida, de virtudes humanas.

Una persona que gestiona bien
puede no ser un líder.

El talento se oculta. Y quizá se oculta porque los ST —Sin Talento— gritan y gritan y vuelven a gritar. Y el que tiene talento se calla e incluso llega a dudar de si los ST tienen razón y el corto es él.

La piel del ejecutivo es elástica.

Trabajar poco, teletrabajar en pijama, preguntar cuándo tendré vacaciones y, peor aún, decir que todas estas cosas se hacen para una mejor conciliación familiar es falso. Por mucho que algunos así lo crean.

Es importante acabar el trabajo que has empezado.

Si montas un negocio con alguien, es muy bueno que los socios que formáis la sociedad os queráis en vez de estar tirándoos piedras todo el día.

Arrastrarse por la vida contando los días que faltan para dejar de trabajar es muy triste. No es vivir.

Si conseguimos que las buenas ideas funcionen, estaremos haciendo un trabajo muy bueno.

Una nación pobre, con mucha gente ilusionada por el trabajo, es una nación mucho más rica que la nación rica en la que todos son una panda de blandengues que, cuando alguien les quiere hacer trabajar, dicen que se cansan.

Intenta trabajar con ideas que sean atemporales.

La idea es ser honesto, transparente, motivar y ser un ejemplo de actuación, casi como el yerno que toda suegra quiere tener de verdad, sin poses. Ser guapo más por dentro que por fuera.

El trabajo no está hecho hasta que no está bien hecho.

Las chapuzas están pasadas de moda.

Apuesta por las personas posavasos: aquellas que hacen que la mesa siga limpia y nueva, con un trabajo discreto y a veces poco valorado, pero importantísimo.

El empresario debe asumir que la responsabilidad de la empresa es únicamente suya.

Cuando tu empresa tenga un trabajo urgente que hacer, encárgaselo a la persona que tenga más carga de trabajo, porque las que más carga tienen —las que reman— son las que lo sacarán adelante.

El hecho de estar muchos años trabajando no te da derecho a llegar a la jubilación y decir «hasta aquí he llegado, ya no tengo que trabajar más». Porque seguirás trabajando. De otra forma y en otras cosas, pero trabajando.

Los que trabajan a veces piensan qué es lo que harán cuando se jubilen. Y los jubilados a veces piensan por qué trabajaron tanto y se perdieron otras cosas que ya no pueden disfrutar.

Para seleccionar a una persona para un puesto, además de sus cualidades y otras cosas de su currículum, debe cumplir con una máxima: ser maja. Si no es maja, no la contrates.

Prohíbete lamentarte cuando haya un mal momento y actúa, invéntate algo.

7
Vejez para recordar que no siempre fuimos mayores

Conozco viejos de veinticinco años y jóvenes de ochenta con espíritu de veinticinco.

Cuando uno es mayor tiene prohibido decir «en mis tiempos...», porque tus tiempos eran aquellos y estos también, los de Machín y los de Hombres G.

Los viejos no somos una generación que se jubiló moralmente hace muchos años y que desde entonces no hemos hecho nada.

Casi todo es opinable. Pero no es opinable si la guerra es buena o no. No es opinable si cargarse niños o ancianos es bueno o no.

La elegancia
no viene con los años.
Ni el saber estar.
Ni la educación.

El maleducado de joven lo es de viejo
si no ha hecho esfuerzos por formarse
y saber estar.

El viejo debe saber estar, no ser un adulescente —con u: ser adulto, pero vestirse como si fuera joven— y demostrar que su juventud es mental.

El viejo tiene que moverse por la vida con la misma agilidad —mental— y la misma frescura —total— de siempre.

Dejarse ayudar es una muestra de cariño.

Ser mayor es saber que el tiempo que estás viviendo ahora corre muy deprisa y cada vez escasea más.

Los jóvenes necesitan de los mayores para poder seguir adelante.

Nunca sabes lo que te depararà el futuro. Aunque ya seas muy viejo.

Los viejos vemos el futuro corto.
Así que, si lo eres, ponte las pilas.

Jubilarse no es lo mismo que quedarse
parado: hay que obligarse
a tener una vida activa.

La edad es solo una circunstancia causada por el paso del tiempo.

El optimismo es una cualidad
invariablemente innata
en toda persona mayorcísima.
Es lo que le ha llevado a llegar tan lejos.

Ser viejo es bueno porque las ves venir antes.

Deja por escrito o cuéntale a la gente cómo te gustaría que fueran las cosas una vez ya no estés.

Para salir por la puerta grande no solo basta con hacer una buena faena: tiene que ser memorable.

Haz testamento, no lo dejes para el final.

Piensa cómo te gustaría que te recordaran. Tómatelo como si fuera el destino al que vas inevitablemente.

La gente mayor debemos tener mucho respeto al futuro y no despreciar las cosas que no entendemos porque podríamos ser esterilizadores de buenas ideas que sean necesarias en tiempos revueltos.

Hacerse mayor es mucho más que sentarse a esperar a que pasen los años. Hacerse mayor es ponerse en marcha para vivir tu propia vida y llenarla de un día a día único.

Los que somos ya mayores debemos repetirnos habitualmente que no somos tontos. Que no somos personas ancladas en la antigüedad y que «en nuestra época» las cosas se hacían de otra manera.

Los mayores, con nuestra «carca» formación, hemos sido modernos cada año que hemos vivido.

Los más jóvenes pueden cometer el error de pensar que los mayores fuimos viejos siempre.

Los mayores debemos llegar a la meta con estilo. Con dolores en los pies, pero con estilo, contestando, cuando se interesen por nuestra salud, que estamos preocupantemente bien.

Huye de los viejos
que son diagnósticos
médicos andantes.

Los chicos jóvenes ven las cosas de acuerdo con su formación y su entorno, y los mayores vemos las cosas de acuerdo con lo que fue nuestra formación y con lo que fue nuestro entorno hace años, que muchas veces adornamos e idealizamos.

Cuando uno se hace mayor, hay limitaciones que hay que reconocer, que hay que aceptar, que hay que transmitir a los demás, de modo que se den cuenta, pero que no les sirva de cruz. De una cruz fabricada por un viejo que ha decidido estropearles la vida una vez que ha descubierto el filón que tenía entre manos: su ancianidad insoportable.

Si el egoísmo se va metiendo en vena en una persona mayor, puede ser difícil y hacer la vida imposible a los que tienen la desgracia de toparse con ella.

Los abuelos no estamos para cambiar pañales mientras los hijos se van a esquiar.

Ser mayor implica tener muchas historias que contar y no por ello tener que contarlas siempre.

No te equivoques: las canas siempre mandan en la pirámide social.

En este mundo moderno y avanzado hemos decidido no tener hijos... y los viejos no nos morimos ni a tiros. Así que los mayores tenemos un papel clave como referentes.

Es probable que muchas de las cosas que pasan ahora ya pasaran en mi época. Pero no me enteraba.

Es clave que los mayores nos metamos en internet, WhatsApp, redes... No podemos perdernos el mundo que tenemos a nuestro alrededor.

No hay daño tan grande como el del tiempo perdido.

Triunfar es conseguir llegar a una edad avanzada y que te quieran tus hijos, tu mujer y tus amigos. En la vida triunfa mucha más gente de la que pensamos.

Vive en paz y
muere en paz.

Leopoldo Abadía
(Zaragoza, 1933)

Es doctor Ingeniero Industrial e ITP Harvard Business School, y fue profesor del Instituto de Estudios Superiores de la Empresa (IESE) durante treinta y un años.

Tiene doce hijos, casi cincuenta nietos y ocho bisnietos, y es autor de los *best sellers La Crisis Ninja y otros misterios de la economía actual*, *La hora de los sensatos*, *¿Qué hace una persona como tú en una crisis como esta?*, *El economista esperanzado*, con el que ganó el XXIV Premio Espasa en 2012, *Yo de mayor quiero ser joven*, *36 cosas que hay que hacer para que una familia funcione bien* o *La marca de Dios*.

Colaborador habitual de televisión, prensa y radio, su blog www.leopoldoabadia.com cuenta con más de seis millones de visitas. Es Patrono de Honor de varias fundaciones dedicadas a la protección de la infancia.

En sus más de mil conferencias por España y en sus intervenciones en los medios de comunicación revela a la gente un nuevo punto de vista sobre la actualidad basado en el sentido común, la sencillez y la habilidad de explicar de forma fácil lo que es complejo.

@viajeroninja

@leopoldoabadia

leopoldoabadia

LeopoldoAbadiaOficial